DAMMINTETE PHILIPPE LARDJA

Le mystère des temps et des saisons

DAMMINTETE PHILIPPE LARDJA

Le mystère des temps et des saisons

Temps: Chronos, Kaïros, Aiôn

Éditions Croix du Salut

Imprint
Any brand names and product names mentioned in this book are subject to trademark, brand or patent protection and are trademarks or registered trademarks of their respective holders. The use of brand names, product names, common names, trade names, product descriptions etc. even without a particular marking in this work is in no way to be construed to mean that such names may be regarded as unrestricted in respect of trademark and brand protection legislation and could thus be used by anyone.

Cover image: www.ingimage.com

Publisher:
Éditions Croix du Salut
is a trademark of
Dodo Books Indian Ocean Ltd. and OmniScriptum S.R.L publishing group

120 High Road, East Finchley, London, N2 9ED, United Kingdom
Str. Armeneasca 28/1, office 1, Chisinau MD-2012, Republic of Moldova, Europe
Managing Directors: Ieva Konstantinova, Victoria Ursu
info@omniscriptum.com

Printed at: see last page
ISBN: 978-620-6-17109-6

LE MYSTÈRE DES TEMPS ET DES SAISONS

……………………………………………………………………

……………………………………………………………………

……………

Lardja Dammintéte Phillippe

……………………………………………………………………

……………………………………………………………………

……………

« L'avenir n'est jamais que du temps à mettre en ordre. Tu n'as pas à le prévoir, mais à le permettre. »

Antoine de Saint-Exupéry

''Le passé est soldé, le présent vous échappe, songez à l'avenir.''
Duc de Lévis

Dédicace

Je tiens à remercier ma bien-aimée KOUADIO AMENAN ROSINE et mon adorable fils BLESSING PRINCE ARCHANGE.

À ma chère mère LAMBONI TANI ROSALIE.

À mes sœurs.

À mon grand frère.

À toute ma famille.

À tous les orphelins, aux veuves et aux sans-abris à travers le monde.

À vous, citoyens des pays en développement.

Et à toutes les personnes en perte de repères, pour qui je vis et respire.

Que votre potentiel soit porté au maximum dans votre génération en exploitant votre esprit aiguisé pour discerner les temps et les saisons. Puisse Jésus-Christ vous couvrir de son sang précieux.

''Le passé et le présent sont nos moyens ; le seul avenir est notre fin.''

Blaise Pascal

Remerciements

Mes remerciements vont à l’ endroit de mon Seigneur Jésus-Christ, lui de qui je reçois toutes mes inspirations.
Que la gloire lui soit rendue.

Que Dieu vous bénisse.

''Les enfants n'ont ni passé ni avenir et, ce qui nous arrive guère, ils jouissent du présent.''

Jean de la Bruyère

Introduction

C' est dans une pénombre où l' on avait du mal à reconnaître quelqu' un debout à quelques mètres. Et, à peine éclairé d' un ancien poteau électrique, que le vieil homme, marchant lentement dans cette ruelle, se dirigea vers le cabaret.
Très vite, un verre de whisky est servi. Puis un autre verre. La consommation s' enchaîne.
La serveuse alla rejoindre un groupe de jeunes venus passer un moment ensemble.

D' une voix tremblante et aigüe, le vieil homme cria :

« Donnez-moi encore un verre de whisky ».

Pendant ce temps, la jeune fille était assise avec un groupe de jeunes dans un coin du bistro, en train de boire et de débattre sur plusieurs sujets.

« Je viens, papa. »

Répondit la jeune fille. Elle ne se présenta devant le vieil homme pour le servir que des minutes après.
Après que celui-ci cria comme s' il était dans le désespoir.
Lorsque que la fille constata que le vieil homme était dans un état d' ivresse dépassé, elle lui dit calmement qu' il n' était plus normal qu' elle le serve.

« Tu sais qui je suis ? »

Demanda le vieil homme.

« Je ne sais rien. » « D'ailleurs, donne mon argent, je veux fermer mon bistro. »

Elle répondit au vieil homme avec une certaine désinvolture. Ce dernier se mit à pleurer à chaudes larmes. La fille fut automatiquement touchée par les pleurs de celui qui pourrait être son grand-papa. Elle resta calme, ne sachant que dire.
D' une voix basse, mêlée de pleurs, le vieil homme se mit à dire :

« Seigneur, qu' ai-je fait pour mériter une telle fin ? »
« Moi qui étais toujours entre deux avions ; dormant dans les hôtels les plus up de ce monde, et toujours avec les chefs d' État, comment je peux finir ainsi ma vie ? »
« Seigneur, pourquoi ce monde est-il si cruel ? »
« Je préfère mourir. »
« Au lieu de vivre un tel chagrin au soir de ma vie. »

Pendant qu' il disait ces mots, accompagnés des pleurs, la jeune fille vint, puis s' assit auprès de lui et lui demanda de se calmer.

Comme elle prenait du temps, un des jeunes avec qui elle était assise vint vers elle pour savoir pourquoi elle avait autant duré. Elle l' informa que c' est le vieux qui pleurait.

Aussitôt, le vieil homme ouvrit sa bouche et se mit à parler :

« Mes enfants, prenez votre vie au sérieux. »

Par-dessus tout, prenez votre relation avec Jésus-Christ plus au sérieux. Aujourd' hui, je suis assis ici, dans cet endroit tout ivre et sans aucune perspective pour mes vieux jours ; et aucun membre de ma famille, de mes amis, n' est à mes côtés. Comme si j' avais toujours vécu ainsi.

Mes enfants, j' étais un grand homme d' affaires.

J' ai fait mon temps. « Je suis allé partout dans ce monde. »

« En bon ! »

S' interloqua le jeune homme, les yeux écarquillés. Et la jeune fille toute calme ne parlait plus. En ce moment, le reste de la bande les rejoignit et se mit à écouter le vieux.

« Mes enfants, prenez garde à vous. »

Je ne vous souhaite pas de vivre ce que je suis en train de vivre, au soir de votre vie. La vie est comme un arbre que tu plantes. Si tu sais l' entretenir, tu en récolteras les fruits à la saison favorable. Et si tu es sage, tu pourras, à partir d' un seul arbre, avoir un verger. Il faudra que vous sachiez gérer vos temps de gloire, pour ne pas qu' au soir de votre vie, vous vous retrouvez dans une situation similaire à la mienne. J' étais un grand homme d' affaires. Je valais des milliards. Comme vous êtes des enfants, vous n' avez sans doute pas entendu parler de moi. « C'est moi qu' on appelait le diamant d' Orient. »

Soudainement, deux parmi les jeunes répondirent :

« Oui, nous avons entendu parler de vous. »

À un des jeunes d' ajouter :

« Ce n' est pas possible. »
Au vieux de répondre :

« C' est bel et bien moi. » Ainsi est faite la vie.
Si tu joues avec tes temps de gloires, tu finiras comme moi. Pourtant, j' ai eu ma première femme, une perle rare, une étoile. Je vous souhaite d' avoir une bonne femme. Elle sera une couronne pour vous. Cette dernière, malgré tous ses conseils avisés, je ne l' écoutais pas. Préférant m' entourer avec des amis, qui par la suite s' avéreraient être de faux amis. Ces derniers m' ont mal conseillé, et moi aussi, j' ai vraiment manqué de sagesse. Tout ceci sans même avoir donné ma vie à Jésus-Christ. Une chose est sûre, je paye le prix de mon manque de sagesse et de mon non-attachement à Jésus-Christ.
Mes enfants, apprenez beaucoup de ma vie.

J’ espère que Jésus-Christ aura compassion de moi et qu’ il me recevra dans sa félicité éternelle. »

Ainsi se résume, comme ce vieil homme, la vie de millions de personnes à travers le monde. Bien qu’ ayant des histoires différentes les unes que les autres, si ces personnes n’ y prennent garde en apprenant sagement la gestion de leur temps, elles finiront comme ce monsieur au soir de leur vie. Et, comme le chantait à juste titre **Léo Ferré** :
« Avec le temps, va, tout s’ en va. »
Nous sommes malheureusement tous soumis au temps qui passe, et parfois, on se surprend à vouloir arrêter l’ horloge, ou tout du moins la ralentir…
Face à la fuite des heures, il est important de savoir profiter de l’ instant présent, du moment fugace qui a tôt fait de s’ éclipser, et de prendre du bon temps avec ceux qu’ on aime. Période, siècle, date…
Le psalmiste ne nous dit-il pas au **Psaume 90, 12** :
« Enseigne-nous à bien compter nos jours, afin que nous appliquions notre cœur à la sagesse. »
Eh bien, nous avons effectivement besoin de cette sagesse afin de tirer le maximum de profits et de leçons de nos différentes saisons de notre vie.
Sans aucune prétention, et vu mon jeune âge au moment où je suis en train d’ écrire ce livre, je crois fermement aux Saintes écritures, qui de manières factuelles et concrètes nous montrent comment Dieu dans l’ ancien et le Nouveau Testament a toujours doté l’ homme d’ un sens aigu de discernement des temps et des saisons.

Que l’ Éternel, dans toute sa bonté, m’ aide afin que j’ applique moi-même les principes décris dans ce livre, jusqu’ au soir de ma vie.
Il y a un mystère très important, comme tant d’ autres qui gouvernent le cosmos et régulent la vie des hommes.

Ce mystère, lorsqu’ il est bien compris, bien discerné, utilisé sagement et judicieusement, nous permettra de vivre et de survivre aux différentes tempêtes de la vie et d’ être debout de nombreuses années après.

Allons très rapidement dans la **Sainte Bible en Ecclésiaste 3, 1-8** :
« 1 Il y a un **temps** pour tout, un **temps** pour toute chose
sous les cieux :
2 Un **temps** pour naître, et un **temps** pour mourir ; un
temps pour planter, et un **temps** pour arracher ce qui a
été planté ; 3 un **temps** pour tuer, et un **temps** pour
guérir ; un **temps** pour abattre, et un **temps** pour bâtir ;
4 un **temps** pour pleurer, et un **temps** pour rire ; un **temps**
pour se lamenter ; et un **temps** pour danser ; 5 un **temps**
pour lancer des pierres, et un **temps** pour ramasser des
pierres ; un **temps** pour embrasser, et un **temps** pour
s’ éloigner des embrassements ; 6 un **temps** pour chercher,
et un temps pour perdre ; un temps pour garder, et un
temps pour jeter ; 7 un **temps** pour déchirer, et un
temps pour coudre, un **temps** pour se taire, et un **temps**
pour parler ; 8 un **temps** pour aimer, et un **temps** pour
haïr, un **temps** pour la guerre, et un **temps** pour la paix.
»

Les étudiants intelligents remarqueront un mot commun dans ce verset de **l' Ecclésiaste 3, 1-8** : le mot « **temps** ». Toute chose change dans ce verset, à l' exception du temps. D' une certaine manière, nous pouvons conclure que toute chose est connectée au temps.

Le « **temps** » ou la « **saison** » est un puissant mystère qui gouverne toute notre existence. Dieu a tout connecté au temps et aux saisons.

Dans cette présente étude, nous allons ensemble découvrir le mystère des temps et des saisons et comment l' utiliser à notre avantage tout au long de notre existence sur terre.

''Jouis du jour présent, sans te fier le moins du monde au lendemain.''

Horace

Chapitre 1

Comprendre ce que sait qu'un mystère, le temps et les saisons.

Mystère **:** du latin (mysterium) et du grec (mustêrion) ; le mot « mystère » est un nom masculin et polysémique, pouvant être défini comme suit :

- Ce qui est inaccessible à la raison humaine, ce qui est de l'ordre du surnaturel, ce qui est obscur, caché, inconnu, incompréhensible.

  Exemples : le mystère de la création. Les abysses marins sont baignés de mystères. Cette femme est un mystère.

- Événement inexplicable, aventure énigmatique.

  Exemple : la clé du mystère.

- Chose inconnue ou qui n'est accessible qu'à des initiés.

  Exemple : ce sont là les mystères du cosmos.

- Silence, obscurité volontaire, faits sur quelqu'un, en particulier sur sa vie.

  Exemple : S'entourer de mystère.

- Précaution prise pour cacher quelque chose.

  Exemple : faire des mystères.

- Antiquité : rite religieux, souvent purificatoire, magique, lié au culte de certaines divinités et dont les initiés juraient de ne rien révéler.

  Exemple : les mystères d'initiation dans nos cultures africaines.

- En théologie :
  - Sacrement du baptême et de l'eucharistie ;
  - Vérité inaccessible à l'intelligence humaine, mais dont le contenu ne peut être saisi que par la révélation divine.

    Exemple : la catéchèse traditionnelle classe parmi les principaux mystères la trinité et la rédemption.

''Tout s'anéantit, tout périt, tout passe : il n'y a que le temps qui dure.''
Denis Diderot

Temps **:** du latin (tempus), le temps est un nom masculin pluriel pouvant se définir de différentes façons :

- ✓ Notion fondamentale conçue comme un milieu infini dans lequel se succèdent les événements : situer une histoire dans le temps.
- ✓ Mouvement ininterrompu par lequel le présent devient le passé, considéré souvent comme une force agissant sur le monde, sur les êtres.
  Exemple : Vous oublierez avec le temps.
- ✓ Durée considérée comme une quantité mesurable.
  Exemple : Ce procédé nous fera gagner du temps.
- ✓ Partie limitée de cette durée occupée par un événement, une action.
  Exemple : Le temps de la traversée lui a paru interminable.
- ✓ Durée plus ou moins définie, dont quelqu'un dispose.
  Exemple : Bien employer son temps.
- ✓ Chacune des phases successives d'une opération, d'une action, un programme de travaux réalisé en deux temps.
- ✓ Moment, époque occupant une place déterminée dans la suite des événements ou caractérisée par quelque chose.
- ✓ **Exemple** : En ce temps-là, j'habitais Paris.
- ✓ Moment, période, saison marquée, par tel caractère, etc.
  Exemple : Le temps des semailles.
- ✓ État de l'atmosphère, en un lieu donné, à un moment donné.

Exemple : Temps chaud et sec.

- ✓ Ce milieu, conçu comme une dimension de l'univers (espace-temps).
- ✓ Moment favorable à telle ou telle action.
- ✓ En sport : durée chronométrée d'une épreuve, en particulier d'une course, d'un match, etc.

N.B : Les temps et les saisons sont deux notions interchangeables.

Principes

1- Un mystère est caché dans les temps et les saisons.
2- Le temps est quantifiable.
3- Le temps est mesurable.
4- Le temps favorable ou non est perceptible par intuition.
5- Le temps advient dans la vie des hommes, à des périodes prédestinées.

''Chacun admire le passé,
regrette le présent et tremble
pour l'avenir.''
Esprit Fléchier

Chapitre 2

Les types de temps

En nous référant à la Sainte Bible, nous constatons que le temps n'existait pas au départ. Nous en voulons pour preuve ce passage tiré de **Genèse 1, 1-5** :

« [1] Au commencement, Dieu créa le ciel et la terre. » [2] Or,
la terre était chaotique et vide. Les ténèbres couvraient
l'abîme, et l'Esprit de Dieu planait au-dessus des eaux. [3] Et
Dieu dit alors : Que la lumière soit ! Et la lumière fut. [4] Dieu
vit que la lumière était bonne, et il sépara la lumière des
ténèbres. [5] Il appela la lumière : « jour » et les ténèbres :
« nuit ». Il y eut un soir, il y eut un matin. Ce fut le **premier
jour**.

(La Bible Semeur 2015)

En étudiant de près ce verset, nous constatons que le temps, tel que nous le connaissons, n'avait pas toujours été là. Parce que, s'il est dit à la fin du verset en **Genèse 1,5 : « … ce fut le premier jour »** ; cela sous-entend qu'il y eut un instant où les **compteurs du temps ont été mis en marche**. Pourtant, nous savons que nous avons un Dieu éternel, qui est dans des dimensions que nous ne pouvons appréhender.

Le temps est, si on peut l'exprimer ainsi, une interruption dans l'éternité ; une portion de l'éternité.

Nous savons tous qu'après notre mort. Et, cela, peu importe nos croyances religieuses, nous rentrons tous dans l'éternité. Nous serons soumis à d'autres réalités qui n'ont rien à voir avec les réalités terrestres où le temps est un véritable baromètre de l'existence humaine.

Il existe, dans notre réalité terrestre, trois types de temps :

1. Le temps chronos ;
2. Le temps kaîros et
3. Le temps aiôn.

Le mystère de la manifestation des temps et des saisons ne doit pas être perçu comme une forme négative de la connaissance humaine, mais comme une ouverture au mystère central qui est le mystère de Dieu manifesté en Jésus-Christ.

''Les humains disent que le temps passe. Le temps dit que les humains passent...''

Auteur anonyme

Caractéristiques de chaque temps :

1- **Le temps chronos** : temps physique

C'est le temps que nous mesurons chronologiquement. Dans la mythologie grecque, Chronos était le dieu représentant la personnification du temps, et notamment des douze (12) heures du jour ou de la nuit.

Le temps chronos, c'est celui que nous connaissons tous, c'est le temps physique. Il permet de segmenter le temps en passé, présent et futur, grâce aux unités de mesures telles que la tierce, la seconde, la minute, l'heure, etc.

Ce temps est quantitatif et linéaire.

2- **Le temps kaïros** : temps métaphysique

C'est le point de basculement décisif, avec une notion d'avant et d'après, où quelque chose de spécial arrive.

Quand vous dites « Je crois et je ressens que c'est le bon moment », sans que vous ayez des preuves pour étayer cette affirmation, c'est la perception du temps.

Contrairement aux temps chronos qui sont quantitatifs et linéaires, le temps kaïros est qualitatif et il n'est pas linéaire.

Ce temps ne se mesure pas, il est immatériel et se ressent par intuition. C'est une autre dimension du temps qui permet de vivre très bien l'instant présent.

3- **Le temps aiôn** : temps cyclique

Aiôn était une divinité grecque associée au temps, au cercle englobant l'univers (selon les croyances grecques) et au zodiaque.

Ce temps est très peu connu. C'est le temps des cycles, comme les saisons, la respiration, le sommeil, etc.

C'est un temps cyclique.

Les différents temps, avec leurs propres caractéristiques, travaillent ensemble dans la vie des individus, des familles, des entreprises et des nations.

Principes

1- Nous avons trois types de temps :

- Le temps chrono
- Le temps kaïros
- Le temps aiôn

2- Caractéristiques de chaque temps

- Le temps chrono : temps physique
- Le temps kaïros : temps métaphysique
- Le temps aiön : temps cyclique

“ Le passé est un œuf cassé, l’avenir
est un œuf couvé.”
Paul Eluard

Les différentes saisons

Chapitre 3

Les saisons dans la vie d'un homme

Aussi longue que paraisse la vie, elle est trompeusement brève. Et sans s'en rendre compte, nous terminerons notre course sur cette terre et nous regarderons au soir de notre vie que le temps en lui-même n'était qu'une illusion réelle.

Et qu'il fallait à tout prix profiter judicieusement de notre temps et de nos saisons pour rendre notre vie agréable, productive, qualitative, et notre passage terrestre d'une marque indélébile.

Il est dit qu'une personne normale passe en moyenne 8 h **de sommeil** par jour. Ce qui équivaut à 480 min/**jour**. Soit 175.200 min/**an.**

Donc, si une personne atteignait 75 ans de vie, elle aurait passé 25 ans de sa vie en train de dormir.

Nous allons approfondir cela dans la suite.

Nous devons apprendre beaucoup des saisons climatiques et tirer des leçons applicables à nos différentes vies.

Aucun cultivateur ne peut prétendre récolter ses fruits lorsqu'il a raté les semailles en temps convenable.

Ne jouez pas avec votre destinée et votre vie. Si vous n'apprenez pas à maximiser vos dons, vos capacités en temps convenable, vous allez rater votre mission de vie sur cette terre.

Il n'y a pas une vie de rechange comme vous le ferez pour un pneu défectueux de votre véhicule. Ne jouez pas avec votre vie, en gaspillant votre temps et vos différentes saisons, en faisant tout et n'importe quoi, même si ces choses paraissent bonnes. La Bible nous dit explicitement que tout m'est permis, mais tout n'est pas utile. Le fait de faire beaucoup de choses en même temps fera que vous serez une personne occupée, mais pas très efficace. Une personne efficace est une personne qui a trouvé un but pour lequel elle est prête à mourir. Si vous trouvez votre but, celui de Dieu pour votre vie, vous resterez focalisée, tout en gérant efficacement votre temps. L'une des stratégies du diable pour vous détruire, c'est de vous faire faire beaucoup de bonnes choses. Des bonnes choses, mais qui, dans la réalité, vous éloignent de votre destinée. Comme ça, vous serez très occupés, mais pas efficaces. Il ne suffit pas d'être occupé, mais d'être efficace pour saisir pleinement votre destinée. La Bible ne dit-elle : « Tout m'est permis, mais tout n'est pas nécessaire. »

Ne soyez surtout pas de ceux qui iront enrichir les cimetières, comme le dit le grand évangéliste [1]**Myles MUNROE** dans les quatre premiers paragraphes de la préface de son puissant livre (**Un potentiel formidable**) :

« La plus grande richesse de notre planète ne se trouve ni dans les puits de pétrole du Koweït ou de l'Arabie Saoudite, ni dans les mines d'or ou de diamants de l'Afrique du Sud, ni encore dans les mines d'uranium de l'ex-Union soviétique, ni encore dans les mines d'argent de l'Afrique.

Vous serez surpris d'apprendre que les gisements les plus riches de notre planète se trouvent à quelques centaines de mètres de chez vous. Là, au cimetière,

---

[1] Myles MUNROE était un professeur, un conférencier, évangéliste et conseiller international. Il était le président fondateur de Bahamas Faith Ministries International, œuvre qui réunit un ensemble complet de ministères. Myles MUNROE est diplômé de l'université Oral Roberts en pédagogie, lettres et théologie ainsi que de l'université de Tulsa en gestion.

gisent enfouis des rêves qui ne se réalisèrent jamais, des chants qui ne furent jamais interprétés, des livres qui ne furent jamais écrits, des tableaux qui ne furent jamais peints, des idées qui ne furent jamais révélées, des visions qui ne se concrétisèrent pas, des projets qui restèrent dans la pensée et des desseins qui ne s'accomplirent jamais.

Nos cimetières sont remplis d'un potentiel qui est resté à l'état potentiel. Quelle tristesse !

En parcourant les rues de nos villes, j'ai le cœur serré à la vue de toutes ces vies gâchées. Quelques années auparavant, c'étaient des lycéens intelligents, brillants, remplis d'idées, de rêves et d'aspirations. Les voici égarés dans les labyrinthes de la drogue et de la boisson, errant sans but en mauvaise compagnie. Ayant perdu le sens de la vie, ils prennent leurs décisions au hasard. L'ampleur de ce drame m'attriste : ce qui aurait pu être est devenu ce qui aurait dû être. La richesse des rêves a été emportée par la misère du découragement.

Sur les cinq milliards d'habitants de notre planète, seule une infime minorité d'entre eux vivront leur potentiel dans une certaine mesure.

Voulez-vous faire partie de ceux qui contribuent à la richesse du cimetière ? »

J'espère que vous ne serez pas au rang de ceux qui enrichissent les cimetières !

Il est donc primordial, en tant que fils du Royaume céleste et ayant donné votre vie à Jésus-Christ, de bien aiguiser votre esprit de discernement, afin de pouvoir agir en temps convenable et selon le timing de Dieu. Comprendre le mystère des temps et des saisons n'est pas négociable.

En Afrique, nous avons principalement deux grandes

saisons : la **saison pluvieuse** et la **saison sèche**. Et nous savons tous que chacune de ces saisons a des caractéristiques qui lui sont propres.

Par exemple, en saison sèche, il n'y a pratiquement aucune verdure. Tout est sec, il y a l'harmattan, la poussière, et les sols deviennent très durs et rendent impossible toute culture vivrière et autres.

Mais quelque temps après, sans aucune notification, vous roulez en voiture, un tonnerre se déclenche, suivi d'une avalanche de pluie. C'est là qu'on se rend compte qu'on doit avoir de bons essuies glace. Aussitôt, nous passons à d'autres réalités que va désormais nous imposer mère nature. La verdure va bientôt refaire surface. Le sol, entre temps rocailleux et impossible à faire les semailles, deviendra mou et favorable. L'eau va commencer à abonder dans la nature. C'est une nouvelle saison, et tout cultivateur avisé devra profiter de cette saison pour faire ses différentes cultures.

Comme nous pouvons toujours tirer de la sagesse dans n'importe quelle création de Dieu. Essayons de nous référer à cette image en début du chapitre montrant l'aspect d'un arbre en **automne**, en **hiver**, au **printemps** et en **été**.

Vous constatez avec moi sur cette image que le **même arbre** présente différentes caractéristiques à chaque saison :

- En **automne**, les feuilles de cet arbre tombent ;
- En **hiver**, les branches de cet arbre sont nues ;
- Au **printemps**, les bourgeons sur l'arbre commencent à apparaître ; et
- En **été**, c'est l'époque des fruits.

Ce qu'il faut retenir et faire un parallèle avec notre vie, c'est de savoir que tout comme cet arbre, nous avons également les mêmes saisons dans notre vie.

- Il y aura des périodes où **nous serons humiliées, rabaissées, vilipendées et trainer dans la boue**, c'est là qu'il faut comprendre que nous sommes dans notre saison de l'**automne.** Tout comme un arbre en automne qui voit ses feuilles tombées, beaucoup de choses tomberont de notre vie, les faux amis, les mauvaises connexions, les emplois déviateurs de destinées, et j'en passe. Il faudra de la sagesse pour tenir bon et ne pas perdre de vue l'essentiel de notre vie.

Pendant cette saison, il faut s'armer d'une foi inébranlable, de courage et de détermination.

- Par la suite, viendra une période où nous serons sans force, sans connexions, sans diplômes, sans notoriété, sans réalisations…

Cette saison est très douloureuse, d'autant plus qu'elle est transitoire. Transitoire dans le sens où vous venez de sortir d'une saison très, très dure pour vous, avec un moral bas, mais vous devez faire face à d'autres challenges d'un certain niveau. En réalité, cette saison vous fera douter de vous-même et de vos capacités. Il vous arrivera des fois, où vous vous demanderez si c'est vraiment la peine de continuer cette vie. C'est une saison capitale, et elle a fait perdre beaucoup de personnes. Rien de tout ce que vous entreprenez ne vous réussit. Vous êtes la risée de vos contemporains. Vous aurez au cours de cette saison l'impression d'être sans valeur pour la société.
Eh bien, c'est une grave erreur. Vous devez comprendre que chaque fruit a sa saison et que la saison qui va

révéler votre talent n'est pas loin. Là encore, votre foi doit entrer en jeu et vous devez rester focalisée sur votre destin.

Comprenez par là que vous n'êtes pas la seule personne qui traverse ces différentes épreuves. C'est un test de Dieu envers ses créatures que nous sommes. C'est votre **saison de l'hiver**. Il fut un temps où la sagesse de Noé fut perçue comme de la folie. Mais une autre saison lui donna raison et ceux qui le considéraient comme fous étaient maintenant sans espoir. Comprenez, par là, que les moqueries des gens autour de vous doivent être du carburant pour vous propulser vers votre destinée. Si vous êtes convaincu au plus profond de votre être que vous êtes appelé à réaliser une chose importante, foncez et laissez-vous guider sagement par les saisons de la vie.

Je ne parle pas ici d'un certain entêtement sans fondement et sans orientation divine. Mais une consultation au travers du jeûne et de la prière auprès de notre Dieu ; mais d'une mission divinement orchestrée et qui vous donne un sens dans la vie.

- Après les saisons de l'**automne** et de l'**hiver** de votre vie, poindra votre **printemps**. C'est une saison transitoire vers la saison de l'**aisance** et de la **récolte**. C'est là que vos efforts vont commencer à vouloir porter des fruits. Il faudra être en alerte et être très concentré. En cette saison, votre « **aura** » va beaucoup se développer et vous allez commencer à tirer les sexes opposés. Cela va se caractériser chez l'homme par une soudaine beauté et une certaine attirance. Les filles vont commencer à courir après vous. Vous aurez l'impression que vous êtes le plus beau et le seul homme au monde. C'est un piège. En fait, c'est un piège quand vous ne savez pas

discerner dans quelle saison vous êtes. Il vous faudra plus de consécration, de temps efficace, de prière et de jeûne en cherchant la face du Seigneur. Il ne faut pas se laisser distraire. Chez la fille, cela se manifestera également par un soudain intéressement des hommes. Quand vous serez en groupe, vous serez celle qui fera l'objet de convoitise de la part des pointeurs. Comprenez par ces signes que vous êtes dans une période transitoire. Soudainement, tous ces semblants de faveurs, de charmes peuvent repartir sans que vous sachiez pourquoi. C'est un processus. Il faut rester calme et ne pas baisser les bras, évidemment, si vous ne vous êtes pas laissé distraire par des voleurs de grâces.
Je suis sûre que vous n'avez jamais bien poussé en profondeur ce proverbe qui dit :
« Une seule hirondelle ne fait pas le printemps ».
La venue massive des hirondelles annonce souvent le printemps. De cette même manière, la manifestation soudaine de certaines bonnes choses,
qui auparavant n'étaient pas dans votre vie, informe de la venue d'une importante saison pour vous.
Votre être intérieur va vous instruire de la présence des hirondelles ou pas, afin que vous sachiez que c'est votre printemps.

- Enfin votre saison de récolte suivra. Tout comme en été l'arbre porte des fruits, votre **saison de l'été** aussi portera des fruits. En cette saison, il ne faut pas commettre l'erreur de penser que vous aurez ces fruits pour toujours. C'est là qu'il faudra avoir un discernement poussé dans l'intelligence des temps et des saisons.
  Regardez, lorsque vous voyez un manguier ou

n'importe quel arbre fruitier, vous avez tendance à prendre une pierre et à la lancer en direction de l'arbre pour espérer avoir un fruit pour manger. C'est bien ça, non ? Ok.

Lorsque votre arbre va commencer à produire des fruits dans votre saison de l'été, rassurez -vous que les gens vous lanceront des pierres.

Ces pierres symbolisent quoi, au juste :

- Les critiques ;
- Les commérages ;
- Les attaques spirituelles et physiques ;
- La diffamation ;
- La jalousie ;
- La haine gratuite…

Aussi réel qu'est le cycle du jour et de la nuit, vous n'allez pas échapper à ces pierres lancées contre vous. Vous n'êtes pas la première personne, ni la dernière personne qui sera victime de ces pratiques sur cette terre des hommes. La seule chose qu'il faut avoir à l'esprit est de savoir marcher dans la sagesse, la sérénité, la tranquillité et surtout le discernement.

Là encore, ce n'est pas la fin de vos tourments dans cette saison de l'été. Rappelez-vous que vous portez des fruits. Si vous en êtes conscient, vous savez au moins ce qu'on fait avec les fruits ? On les mange, n'est-ce pas ? Ok.

Si vous n'êtes pas en alerte, les mangeurs de fruits

Ce sera à vos trousses afin de cueillir tout ce que votre arbre a à donner. Au juste, comment cela va se manifester avec ces différentes cueillettes :

- Sollicitations financières de toutes parts (ne donnez pas votre argent à tout bon venant) ;

- Reconnaissance soudaine des personnes qui entre temps vous ignoraient (la fausse reconnaissance : c'est parfois pour vous exploiter) ;
- Apparition soudaine des membres cachés de votre famille pour obtenir des faveurs (toujours et toujours avec discernement) ;
- venue massive des amis (c'est là qu'il faut savoir discerner les faux, les vrais amis) ;
- Propositions alléchantes pour investir dans des affaires (appel une fois encore au discernement et à la sagesse) ;
- Tendances personnelles à vouloir paraître (il faudra faire très attention à son niveau de vie) ;
- Mauvais choix de conjoint basé sur des critères sans fondements (choisir une femme vertueuse, une femme de prière, il y va de l'avenir de vos enfants et de votre vie). C'est valable aussi pour la femme ;
- Les envies soudaines de vouloir avoir plusieurs conquêtes féminines...

C'est en cette saison qu'il faudra appliquer les conseils de Joseph vis-à-vis de Pharaon dans **Genèse 41, 34-36 : « 34 Que Pharaon établisse des commissaires sur le pays, pour lever un cinquième des récoltes de l'Égypte pendant les sept années d'abondance. »**
35 Qu'ils rassemblent tous les produits de ces bonnes années qui vont venir ; qu'ils fassent, sous l'autorité de Pharaon, des amas de blé, des approvisionnements dans les villes, et qu'ils en aient la garde.
36 Ces provisions seront en réserve pour le pays, pour les sept années de famine qui arriveront dans le pays d'Égypte, afin que le pays ne soit pas consumé par la famine. » ; doivent vous être utiles et vous servir pour

bâtir votre vie. Nous en parlons dans la suite de notre réflexion.

Discerner les temps et les saisons dans notre vie est si capital que la Sainte Bible nous dit, dans **1 Chronique 12, 32, que** : « Des fils d'Issacar, ayant l'intelligence des temps, pour savoir ce que devait faire Israël, deux cents chefs et tous leurs frères sous leurs ordres ».

Ce qui revient à dire que nous devons aiguiser notre esprit afin de savoir distinguer les temps et les saisons, pour les utiliser à notre avantage et servir les desseins de Dieu au travers de notre vie.

Les premières sagesses que nous pouvons tirer et retenir du temps pour l'appliquer à notre vie sont :

❖ La vie est chronologique :

Exemple : quelqu'un qui nait en 1945 et décède en 1995. Entre ces deux dates, il y a eu tellement d'autres dates et événements (naissance, adolescence, mariage, jeunesse, voyage, etc.). Il faut maximiser son temps.

❖ La vie est kaïros :

Il y a des moments où il faudra être sensible spirituellement pour savoir que c'est le bon moment pour faire ou ne pas faire telle ou telle autre chose. Il faudra être sensible pour savoir que c'est maintenant et non après qu'il faudra aller en voyage ou pas. Juste quelques illustrations pour servir d'exemples. Pour développer cette sensibilité, il faut être un homme spirituel qui s'adonne à la prière et au jeûne. Par exemple, lorsqu'une opportunité se présente à vous, aussi belle qu'elle puisse paraître, il est important de savoir spirituellement les tenants et les aboutissants de cette

affaire. La Bible nous dit que les voies de Dieu sont au-dessus de nos voies. Et ses pensées au-dessus de nos pensées. Donc, interroger Dieu avant de faire quoi que ce soit est très primordial.
Mon ignorance dans le discernement m'a plusieurs fois coûté cher.
Par exemple, au moment où je suis en train d'écrire ce livre, je suis sous le coup d'une affaire de voiture qui avait mal tourné.
En fait, j'ai une connaissance à moi qui voulais, il y a quelques années, acheter une voiture à Lomé et l'envoyer ici en Côte d'Ivoire. Mon grand frère étant dans le domaine. Ce dernier m'a demandé s'il voulait une voiture et qu'il a vu les story Facebook de mon grand frère. Je lui ai dit qu'effectivement, mon grand frère est dans le domaine. Il y a eu une mise en relation. L'argent a été par la suite envoyé à mon grand frère. Ce dernier a bel et bien reçu cet argent. Il a même acheté la voiture au port de Lomé et a fait toutes les formalités pour faire transiter la voiture par le Burkina Faso. Une fois la voiture à Ouagadougou, c'est là que tous les problèmes vont commencer. Il y a un coup d'État, s'ensuivront les attaques terroristes et tout le lot de problèmes qui va venir après. Me voilà plongé dans une affaire de dette, mon frère et moi, et la prison constamment à nos trousses.
Chose remarquable et sur laquelle j'aimerais attirer l'attention de mon lecteur, c'est que j'avais été divinement averti en songe. En effet, quelque temps

Avant que l'ami ne me parle de cette affaire de voiture, en rêve, j'avais vu mon grand frère et moi en train de nous quereller sur une affaire de voiture. Mais n'ayant pas l'esprit aiguisé, j'ai ignoré le songe. La suite vous a été un

peu racontée un peu plus haut.
Cette période de traversée du désert, suite à ce manque de discernement sur cette mauvaise saison d'affaires, m'a permis de mieux aiguiser mon sens de discernement.
J'en veux pour preuve une affaire dans laquelle un inconnu me contacte via WhatsApp pour être le représentant de sa société de transport ici en Côte d'Ivoire, pour la ligne Abidjan, Cotonou. Sur la question de savoir où il me connaissait, il n'a pas été très clair. Il est allé à me faire certaines propositions et à me demander de lui donner mon plan de travail pour que sa société se déploie en Côte d'Ivoire.
J'ai eu l'esprit alerté et je suis rentré dans ma dimension spirituelle en demandant à Dieu, une nuit avant de me coucher, de me montrer si cette opportunité est bonne ou pas. En rêve cette nuit, je vois un car de transport qui, à peine a commencé à rouler, est allé dans une mauvaise direction et par la suite s'est renversé dans un pont.
À mon réveil, j'ai tiré ma conclusion. L'affaire d'une manière ou d'une autre est une très mauvaise affaire pour moi en cette période. Le monsieur ne m'a plus écrit depuis que j'ai eu ce rêve.
Chers amis, je ne prétends pas avoir la science infuse, mais je crois fermement que tout homme, surtout un enfant de Dieu, doit savoir discerner les temps et les saisons dans ses affaires, ses amitiés, ses associations, ses voyages, etc.

- La vie est aiôn :

Il faut comprendre que beaucoup d'événements reviennent de façon cyclique dans nos vies.

Des événements heureux comme malheureux. Vivre l'instant présent est une clé importante pour chaque saison.

De la même manière qu'il y a le **matin** (jour), le **midi** et le **soir** (nuit), il existe chez l'homme la **saison du matin**, la **saison du midi** et la **saison du soir**. C'est une autre sagesse des temps et des saisons qu'il faut connaître et l'appliquer à sa vie.

La saison du matin caractérise la période de notre vie où nous faisons beaucoup d'erreurs. C'est la saison de l'apprentissage et d'un début de croissance spirituelle et physique. Nous pouvons situer les âges de cette saison entre **0 et 30 ans.** Pendant cette saison, nous commettons beaucoup d'erreurs et faisons face aux réalités de la vie. C'est au cours de cette saison que nous passons de l'adolescence à l'enfance, et de l'enfance à l'âge adulte. La vie nous forge beaucoup durant cette saison et nous enseigne beaucoup.
Nous sommes aptes à faire beaucoup de choses afin d'avancer et de réaliser nos différents objectifs de vie. C'est la saison où nos capacités sont exploitées jusqu'à un certain niveau. Globalement, la grande saison du matin doit être maximisée et exploitée dès la sortie de l'adolescence et le début de sa jeunesse.

La saison du midi caractérise la période de notre vie où notre potentiel est dévoilé au monde. Nous pouvons avoir les tranches d'âges comprises entre **30 à 50 ans.** C'est la période où notre étoile brille. C'est notre temps. On ne peut pas dire que la saison du midi est unique. Il existe plusieurs saisons du midi. Tu peux être dans ta saison du midi en ce qui concerne tes entreprises, et être à la saison du soir en ce qui concerne ta vie sentimentale.

La saison du midi, c'est :

- Une saison d'avantages sur tous les plans ;
- Une saison de vaches grasses ;
- Des saisons d'opportunités ;
- Une saison de règne ;
- Une saison de gloire, etc.

En cette année 2024 où je suis en train d'écrire ce livre, une nation africaine est en train de vivre sa saison du midi d'une manière très illustrative, la Côte d'Ivoire.
La Côte d'Ivoire a débuté l'année en février 2024, en devenant championne d'Afrique de la CAN 2023.

Après cela, pleines de distinctions vont s'ensuivre au fil des mois pour ses fils à travers le monde. Elle est :

- Championne du monde de dictée (au CANADA) ;
- Championne du monde en patins et sports de glisse (Italie) ;
- Championne du monde en Shotokan ;
- Premier prix mondial en Computing (en Chine)…

La saison du soir, quant à elle, est :

- Défavorable ;
- Une saison de manque d'opportunité ;
- Une saison de traverser du désert ;
- Une saison de faiblesse ;
- Une saison de rejet ;
- Une saison de manque ;
- Une saison de vaches maigres, etc.

Quoi qu'il en soit, il faut comprendre qu'il y a un temps pour tout. Il y a un temps pour s'accommoder. Parfois, nous ne pouvons rien faire d'autre que de patienter. La patience n'est pas synonyme de passivité, mais demande de lâcher prise et d'avoir foi en ses objectifs et surtout en Dieu. La période de la patience est une période où Dieu nous forme et nous donne les aptitudes que nous devons avoir pour le niveau supérieur. La patience doit être une école en elle-même. Ce n'est pas facile d'attendre. Notamment quand nous ne voyons rien pointer à l'horizon. Il faut garder espoir et la foi en Dieu. Nous collaborons en restant patient, et tout en sachant que Dieu remplira sa part du contrat. La plupart n'ont pas idée des batailles invisibles qui se passent autour de notre destinée. Supposons que nous ayons un écran radar en face de nous et que notre champ de vision ne couvre que 1 % des 360° de l'écran. Les autres 359° restants représentent l'**univers en action pour nous donner ce que nous désirons**. C'est pour cette raison que Dieu dit d'avoir la foi en lui. Il agit de façon invisible sur les 359° pour nous satisfaire. N'est-ce pas magnifique !

En résumé, nous pouvons dire que l'homme a trois grandes saisons dans sa vie : la **saison du matin** – la **saison du midi** – la **saison du soir.** À chacun de tirer profit de chaque saison de sa vie et de réaliser des exploits afin de laisser une tâche indélébile dans ce monde.

Nous allons nous plonger dans les arcanes des temps et des saisons en parcourant encore certains passages clés dans la Sainte Bible.

Le sage Ecclésiaste nous parle du temps au chapitre 3, du verset 1 au verset 8 :

« 1 Il y a un **temps** pour tout, un **temps** pour toute chose sous les cieux :
2 Un **temps** pour naître, et un **temps** pour mourir ; un **temps** pour planter, et un **temps** pour arracher ce qui a été
planté ; 3 un **temps** pour tuer, et un **temps** pour guérir ; un **temps** pour abattre, et un **temps** pour bâtir ; 4 un **temps**

pour pleurer, et un **temps** pour rire ; un **temps** pour se
lamenter ; et un **temps** pour danser ; 5 un **temps** pour
lancer des pierres, et un **temps** pour ramasser des pierres ;
un **temps** pour embrasser, et un **temps** pour s'éloigner des
embrassements ; 6 un **temps** pour chercher, et un **temps**
pour perdre ; un **temps** pour garder, et un **temps** pour
jeter ; 7 un **temps** pour déchirer, et un **temps** pour
coudre, un **temps** pour se taire, et un **temps** pour parler ; 8
un **temps** pour aimer, et un **temps** pour haïr, un **temps**
pour la guerre, et un **temps** pour la paix ».

Les étudiants intelligents remarqueront, comme je le disais plus haut, qu'il y a un mot commun dans ce verset de **l'Ecclésiaste 3, 1-8**, qui n'est rien d'autre que le « **temps** ». Le mot « **temps** » dans cette version de la Bible est répété **trente (30)** fois dans ce verset.

Cela montre la pertinence du temps dans les affaires humaines. Et ce qui est très remarquable, c'est le fait que cette répétition de ce mot **trente fois** correspond **à l'âge du début du ministère terrestre de Jésus-Christ,** qui était de **30 ans**. Ceci n'est pas un hasard. Autre chose frappante, c'est le fait que Jésus-Christ a eu à faire **trois (03) ans** de ministère avant de repartir vers le Père Céleste. Ces **trois années** aussi, comme par hasard, correspondent aux **trois catégories de temps** que nous connaissons : **le temps chronos, le temps kaïros et le temps aiôn.**

Nous savons que le **chiffre 30** peut être décomposé comme étant **3 + 0 = 3**

Cela prouve effectivement que Dieu est le **maître suprême** des temps et des saisons, et qu'il régule toute chose selon son timing. La Bible ne dit-elle pas en **Ecclésiaste 3, 11** : « Il fait toute bonne chose en son temps ».

Et bien qu'il fasse toute bonne chose en son temps, il a donné à l'homme l'intelligence des temps. C'est pourquoi il dit expressément en **1 Chronique 12,32** : « Des fils d'Issacar, ayant l'intelligence des temps pour savoir ce que devait faire Israël, deux cents chefs et tous leurs frères sous leurs ordres ».

Ainsi donc, il y a une intelligence des temps ? Cela nous fait penser au « **temps kaïros** » ; la sensibilité spirituelle pour faire des choses au moment convenable.
Lorsque les croyants n'ont pas atteint une certaine position dans la société, Dieu est souvent obligé de passer par des non-croyants pour faire passer ses messages ou réaliser ses desseins.

Lorsqu'une famine générale à une certaine époque devrait arriver à coup sûr sur la terre, Dieu était enjoint de passer par le Pharaon pour l'avertir et ainsi sauver l'humanité de cette douloureuse situation. Parce que Pharaon, de sa position, était la seule personne capable de donner des ordres en Égypte afin qu'il y ait des provisions gardées en temps d'abondance pour prévenir la famine à venir.

Il est dit en **Genèse 41, 1-32** : « 1 Au bout de deux ans,
Pharaon eut un songe. » Voici, il se tenait près du fleuve. 2
Et voici, sept belles vaches à voir et grasses de chair
montèrent hors du fleuve et se mirent à paître dans la
prairie.

3 Sept autres vaches laides à voir et maigres de chair
montèrent derrière elles hors du fleuve et se tinrent à leurs
côtés sur le bord du fleuve. 4
Les vaches laides à voir et maigres de chair mangèrent les
sept belles vaches à voir et grasses de chair.

Et Pharaon s'éveilla. 5 Il se rendormit, et il eut un second
songe. Voici, sept épis gras et beaux montèrent sur une

même tige. 6 Et sept épis maigres et brûlés par le vent
d'orient poussèrent après eux. 7 Les épis maigres
engloutirent les sept épis gros et pleins. Et Pharaon
s'éveilla. Voilà le songe.

8 Le matin, Pharaon eut l'esprit agité et il fit appeler tous
les magiciens et tous les sages de l'Égypte. Il leur raconta
ses songes. Personne ne put les expliquer à Pharaon. 9
Alors le chef des échanges prit la parole et dit à Pharaon :
Je vais rappeler aujourd'hui le souvenir de ma faute.

10 Pharaon s'était irrité contre ses serviteurs ; et il m'avait
fait mettre en prison dans la maison du chef des gardes,
moi et le chef des panetiers. 11 Nous eûmes l'un et l'autre
un songe dans une même nuit ; et chacun de nous reçut
une explication en rapport avec le songe qu'il avait eu. 12
Il y avait là avec nous un jeune Hébreux, esclave du chef
des gardes. Nous lui racontâmes nos songes, et il nous les
expliqua. Les 13 choses sont arrivées selon l'explication qu'il
nous avait donnée. Pharaon me rétablit dans ma charge,
et il fit pendre le chef des panetiers. 14 Le pharaon Il fit appeler
Joseph. On le fit sortir en hâte de prison. Il se rasa,
changea de vêtement et se rendit vers Pharaon. 15
Pharaon dit à Joseph : J'ai eu un songe. Personne ne peut
l'expliquer ; et j'ai appris que tu expliques un songe, après
l'avoir entendu. 16 Joseph répondit à Pharaon en disant :
Ce n'est pas moi ! C'est Dieu qui donnera une réponse
favorable à Pharaon. 17 Pharaon dit alors à Joseph :

Dans mon songe, voici, je me tenais sur le bord du
fleuve.

18 Et voici, sept vaches grasses de chair et belle
d'apparence montèrent hors du fleuve, et se mirent à
paître dans la prairie. 19 Sept autres vaches montèrent
derrière elles, maigres, fort laides d'apparence, et
décharnée : je n'en ai point vu d'aussi laides dans tout le

pays d'Égypte. 20 Les vaches décharnées et laides
mangèrent les sept premières vaches qui étaient grasses.
21 Elles les engloutirent dans leur ventre, sans qu'on
s'aperçut qu'elles y fussent entrées ; et leur apparence
était laide comme auparavant. Et je m'éveillai. 22 Je vis
encore en songe sept épis pleins et beaux, qui montèrent
sur une même tige. 23 Et sept épis vides, maigres, brûlés
par le vent d'orient, poussèrent après eux. 24 Les épis
maigres engloutirent les sept beaux épis. Je l'ai dit aux
magiciens, mais personne ne m'a donné l'explication. 25
Joseph dit à Pharaon : Ce qu'a songé Pharaon est une
seule chose ; Dieu a fait connaître à Pharaon ce qu'il va
faire. 26 Les sept belles vaches sont sept années et les sept
beaux épis sont sept années : c'est un seul songe.
27 Les sept vaches décharnées et laides, qui montaient
derrière les premières, sont sept années ; et les sept épis
vides, brûlés par le vent d'orient, seront sept années de
famine. 28 Ainsi, comme je viens de le dire à Pharaon, Dieu
a fait connaître à Pharaon ce qu'il va faire. 29 Voici, il y
aura sept années de grande abondance dans le pays
d'Égypte. 30 Sept années de famine viendront après elles ;
et l'on oubliera toute cette abondance au pays
d'Égypte, et la famine consumera le pays. 31 Cette famine
qui suivra sera si forte qu'on ne s'apercevra plus de
l'abondance dans le pays.
32 Si Pharaon a vu le songe se répéter une seconde fois,
c'est que la chose est arrêtée de la part de Dieu, et que
Dieu se hâtera de l'exécuter ».

S'il nous était donné l'opportunité d'interpréter le songe de Pharaon, comme les magiciens de l'Égypte antique, nous serions également passés à côté.

Qui d'entre nous, aurait su que les vaches et les épis représentent le **temps** ou des **saisons**. Cette symbolique doit nous emmener à mieux réfléchir sur cet aspect important de notre existence, qu'est le temps.

Si sept vaches grasses représentent sept années d'abondance et que sept vaches maigres, représentent sept années de famine.

Et, si sept bons épis représentent sept années d'abondance et que sept épis brûlés représentent sept années de famine. Alors, cela nous montre à quel point nous devons faire attention dans nos différentes vies ; et avoir l'intelligence pour discerner le temps et les saisons.

Ainsi donc des **années peuvent manger des années** ! Les années peuvent ainsi manger des années, comme si c'était un homme qui engloutissait des quantités importantes de nourriture dans son ventre.

Ce qui prouve que, nous pouvons connaître des années de faveurs pendant notre saison du midi, qui est également notre **saison du printemps – été** (les bourgeons apparaissent – l'époque des fruits). Durant ces années, la faveur nous accompagne, de bonnes opportunités nous accompagnent, tout marche à la perfection. Si, durant que nous sommes dans cette période favorable de notre vie, nous refusons d'appliquer les conseils de Joseph, en préparant les mauvaises saisons à venir, nous finirons notre vie dans les pleurs et les angoisses. Parce qu'aucune saison n'est permanente dans la vie d'un individu, d'une famille, d'une entreprise, d'une nation, etc.

Forcement, la saison du soir, qui est aussi la **saison de l'automne-l' hiver** (les feuilles tombent, les branches sont nues), vient avec son lot de problèmes : défaveur, manque d'opportunités, vieillesse, manque d'énergie…

La variation des saisons est un mystère qu'aucune prière ne pourra arrêter ou annuler. Joseph dit à Pharaon en Genèse 41, 32 : « **Si Pharaon a vu le songe se répéter**

une seconde fois, c'est que la chose est arrêtée de la part de Dieu et que Dieu se hâtera de l'exécuter ».

Vous ne pouvez pas prier, par exemple, afin que la saison pluvieuse ne succède à la saison sèche.

Il y a des personnes, entre temps, très célèbres, qui lorsque leurs noms étaient évoqués, les hommes pouvaient veiller dans un stade pour les voir.
Mais aujourd'hui, ces personnes se baladent sans pour autant attirer l'attention de qui que ce soit.

Il fut un temps dans le ministère, lorsque des généraux de Dieu comme **Renard Bonké**, **Ben Idahosha**, **Kathérine Kulman**, **Oral Robert**, etc., organisaient des croisades, des millions de personnes affluaient vers les stades pour entendre leurs prédications. Leur impact était retentissant. Avec l'amour, la considération et le respect que nous leur accordons, ces généraux de Dieu ont définitivement quitté la scène. Leurs saisons sont finies pour toujours. Aujourd'hui, d'autres grands prédicateurs sont à la page, c'est aussi leur saison.

Beaucoup de personnes dans le ministère, la politique, les affaires et autres domaines ont commis cette erreur de penser qu'elles ne quitteront jamais la scène. Ce qu'ils oublient, c'est que d'autres personnes ont dû partir afin qu'elles fassent leur entrée. Il faut savoir partir à temps. Le soleil sait à quel moment il doit laisser sa place à la lune et vice versa. Chacun de ces astres préside respectivement le jour et la nuit. Et chacun a son utilité, ses avantages et ses inconvénients lorsqu'il règne. C'est toute une sagesse cachée dans la nature que nous devons avoir la sagesse et l'intelligence de saisir afin de l'appliquer à notre propre vie.

Principes

1- Dieu contrôle ce grand mystère qu'est le temps et les saisons.
2- Il y a un temps pour toute chose sous les cieux.
3- L'homme doit savoir discerner les temps et les saisons dans sa vie.
4- Les saisons dans la vie d'un homme sont comme les saisons de la nature : l'automne, l'hiver, le printemps et l'été.
5- Dans la vie d'un homme, il y a la saison du matin, la saison du midi et la saison du soir.
6- L'homme dort en moyenne 8 h par jour. Ceci implique qu'il passe environ 33,33 % de sa vie dans le sommeil.
7- L'homme a l'obligation de bien gérer son temps afin d'être non seulement efficace, mais aussi très productif dans le but d'atteindre ses objectifs.

''Si le temps n'arrange pas les choses,
les choses arrangeront le temps.''
Réjean Ducharme

Chapitre 4

La gestion du temps

Les Anglais disent souvent que : « **time is money** », littéralement, cela signifie que : « **le temps, c'est l'argent** ». Si le temps, c'est l'argent, il est impératif d'avoir une gestion efficiente et efficace de notre temps. Perdre son temps dans les futilités, c'est perdre des saisons majeures de sa vie. Analysons ensemble ce tableau que j'ai établi et prenons-en conscience.

Il est démontré que l'homme normal dort en **moyenne 8 h par jour.**

Si l'homme dort 8 h/J, calculons conjointement quelque chose :

8 H----------------1 J

X---------------365 J (ans) ; donc, X = 365 ×8

X = 2920 H/an

2920 H ---------------- 1 an

X_{25}-------------------25 Ans ; ainsi, X_{25}= 2920×25

X_{25}= 73.000 H

2920 H ---------------- 1 an

X_{50}------------------50 ans ; donc, X_{50}= 2920×50

X_{50}=14.600 H

2920 H --------------- 1 an

X_{75}-----------------75 ans ; ainsi, X_{75}= 2920×75

X_{75}=219.000 H

2920 H --------------- 1 an

X_{100}-----------------100 ans ; donc, X_{100}= 2920×100

X_{100}= 292.000 H

N.B :

X, étant le nombre d'heures moyennes de sommeil par an ;

$X_{25,}$ étant le nombre d'heures moyennes de sommeil en 25 ans ;

X_{50}, étant le nombre d'heures moyennes de sommeil en 50 ans ;

$X_{75,}$ étant le nombre d'heures moyennes de sommeil en 75 ans ;

$X_{100,}$ étant le nombre d'heures moyens de sommeil en 100 ans.

Récapitulatif :

D'après nos calculs, l'homme dort en moyenne :

- **2920 H/an ;**
- **73.000 H en 25 ans ;**
- **14.600 H en 50 ans ;**
- **219.000 H en 75 ans**
- **292.000 H H en 100 ans**

Lorsque nous convertissons ces heures en jours, voire en années, nous obtenons des statistiques qui doivent nous alerter énormément.

Si
1 j--------------24 h
Y_1-------------2920H, donc, $Y_1 = 2920/24$
Y_1 = 121,67 jours de sommeil par an

1 j--------------24 h
Y_{25}----------73.000 H, ainsi, $Y_{25} = 73.000/24$

Y_{25}= 3041,67 jours de sommeil en 25 ans, soit **8,33 ans de sommeil en 25 ans.**

1 j--------------24 h
Y_{50}----------14.600 H, donc, $Y_{50} = 146.000/24$

Y_{50} = 6083,33 jours de sommeil en 50 ans, soit 16,67 ans de sommeil en 50 ans.

1 j--------------24 h
Y_{75}--------219.000 H, ainsi, $Y_{75} = 219.000/24$

Y_{75}= 9 125 jours de sommeil en 75 ans, soit 25 ans de sommeil en 75 ans.

1 j--------------24 h
Y_{100}----------292.000 H, donc, $Y_{100} = 292.000/24$

Y_{100}= 12166,67 jours de sommeil en 100 ans, soit 33,33 ans de sommeil en 100 ans.

Tableau récapitulatif

Nombre d'années de vie	**TEMPS DE SOMMEIL MOYEN D'UNE PERSONNE**		
	Heures	Jours	Années
1 Jour	8	-------------------	-------------------
1 An	2920	121,67	-------------------
25 Ans	73.000	3041,67	**8,33**
50 Ans	146.000	6083,33	**16,67**
75 Ans	219.000	9125	**25**
100 Ans	292.000	12166,67	**33,33**
Pourcentage : l'homme passe en moyenne 33,33% de sa vie à dormir.			

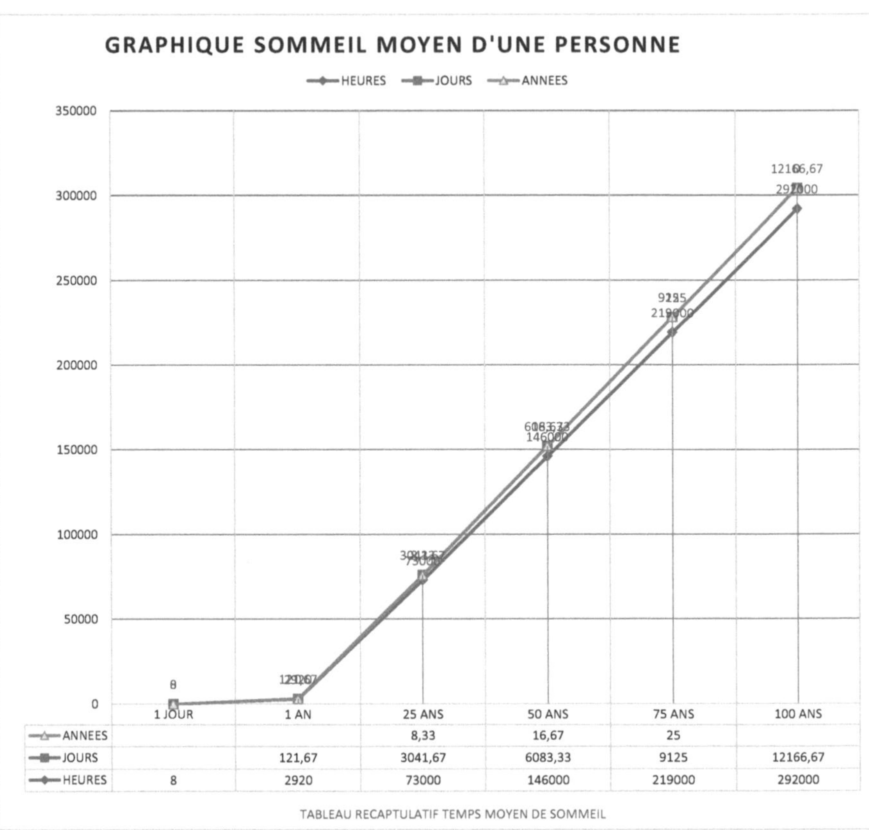

	1 JOUR	1 AN	25 ANS	50 ANS	75 ANS	100 ANS
ANNEES			8,33	16,67	25	
JOURS		121,67	3041,67	6083,33	9125	12166,67
HEURES	8	2920	73000	146000	219000	292000

TABLEAU RECAPTULATIF TEMPS MOYEN DE SOMMEIL

Si l'être humain passe en **moyenne 33,33 %** de sa vie à dormir, il est primordial de savoir ce qu'il passe à faire du temps restant. De nos jours, avec l'arrivée des réseaux sociaux, de la télévision…, pleines d'autres choses occupent notre vie quotidienne. Savoir gérer de façon intelligente et efficiente son temps est plus que jamais une obligation.

Tous, autant que nous sommes, riches comme pauvres, noirs comme blancs, hommes comme femmes, nous avons tous la même quantité de temps. Chacun a 24 H dans une journée. Pas plus ou pas moins. C'est la gestion efficace de ce temps qui nous permettra d'être productifs et avec le temps de récolter les bons fruits.

Pour avoir la connaissance, il faut investir son temps dans la lecture et les recherches.

Pour avoir un bon rendement au travail, il faut avoir des heures rigoureuses de travail.

Pour être un athlète de haut niveau, il faut investir beaucoup de son temps à l'entrainement.

Pour être meilleur dans n'importe quel domaine, il faut repousser ses limites et prendre du temps pour se perfectionner.

Le temps est une denrée mesurable et quantifiable. Il faut pouvoir bien l'exploiter à son avantage, afin de ne pas être pris à son piège lorsque celui-ci viendra à nous manquer. Observez à nouveau le tableau ci-dessus, pour vous en rendre compte, que nous n'avons vraiment pas du temps à perdre sur cette terre.

Aussi longue que la vie paraît être, elle est trompeusement brève. Nous passons pratiquement 1/3 de notre vie dans le sommeil. Avec ça, tu verras des individus sans aucune vision ou aucune perspective de vie. Ils sont airant et se laissent balloter par qui que ce soit et même la vie. Ils sont là pour accompagner les autres à aller n'importe où et nulle part pour eux-mêmes.

Si quelqu'un dit, allons à Lagos, ils y vont. Si ce dernier dit encore qu'il pense qu'ils devraient se retrouver à Nouakchott, ils ne feront que suivre.

Comme si cela ne les suffisait pas, ils s'invitent à des anniversaires, des mariages, des funérailles, sans y être conviés. Ces individus peuvent passer des heures au téléphone à avoir des causeries inutiles et sans aucune rentabilité des investissements, c'est-à-dire ne faisant aucune affaire. Ces individus chronophages préfèrent dormir jusqu'à 10 heures. Parce qu'ils croient qu'ils ont tout le temps devant eux. Quelle illusion ! Au soir de leurs vies, ils se rendront compte qu'ils avaient gaspillé ce précieux sésame. Qu'est-ce que le temps?

Chers amis lecteurs, chers leaders, ne perdez plus jamais une seconde de votre vie dans des futilités. Il faut maximiser votre temps et savoir comment l'utiliser intelligemment. De toute façon, les saisons de votre vie se succéderont et vous serez un jour au soir de votre vie.

Voudriez-vous être une de ces personnes qui vont enrichir les cimetières ? Je ne crois pas. Si vous êtes arrivés à ces lignes, c'est parce que vous savez ce que vous voulez. Une des qualités de ceux qui savent utiliser judicieusement leur temps, c'est la **lecture objective**. Vous devez passer une grande partie de votre temps à lire et à bâtir une grande bibliothèque chez vous.

Éteignez votre télévision et allumer votre esprit.

Passez votre temps à lire la Sainte Bible.

Passez votre temps à lire des livres de développement personnel.

Passez votre temps à lire les biographies et les autobiographies des grands hommes qui ont marqué l'histoire de l'humanité.

Passez votre temps, à lire des grands classiques de la littérature, de la philosophie, de la science…

Passez votre temps à écouter des livres audio qui vous construisent.

Passez votre temps à écouter des prédications, des sermons, des hommes et des femmes de Dieu.

Passez votre temps à faire des choses qui vous construisent et construisent l'humanité.

Ne jouez pas avec votre vie.

Ne soyez pas au rang de ceux qui passent des journées entières sans rien faire de positif et de significatif.

Ne soyez pas au rang de ces personnes qui sont là pour des commérages.

Ne soyez pas au rang de ces personnes qui sont là pour avoir des débats puérils à longueur de journée.

Ne soyez pas des personnes qui passent le temps à suivre des heures et des heures des programmes de télévision sans aucun objectif.

Ne soyez pas là pour vivre comme si vous étiez des arbres ou des poissons.

Retiens ceci, cher leader, tu es un champion, une pièce rare, un chef-d'œuvre, une créature si parfaite, qui est venue apporter un plus à cette belle humanité.
N'auras-tu pas honte au soir de ta vie, si l'on te demande, qu'as-tu apporté pendant ton séjour sur terre. Que ton existence sur terre ne devienne une ignominie pour tes descendants lorsqu'on parlera de toi après ta mort.
Car chaque personne dans sa génération est censée apporter un plus, afin que les générations à venir puissent s'en servir. Nous utilisons les portables, les ordinateurs, les avions, toute sorte d'inventions que nous pouvons imaginer aujourd'hui. Parce qu'il y a eu des personnes qui

ont su maximiser leur potentiel et gérer efficacement de leur temps à leur époque, pour que nous les ayons à notre époque.

À chaque fois que tu voudras gaspiller de ton temps, pose-toi la question de savoir, que devrais-je laisser aux générations futures.

Principes

1- L'homme passe en moyenne 33,33 % de sa vie à dormir ;
2- Connaître et apprécier la valeur du temps que la vie nous donne ;
3- Chaque personne sur terre a la même quantité de temps ;
4- Savoir exploité judicieusement son temps afin d'accomplir de grandes choses pour soi et pour l'humanité.

«Le temps découvre les secrets ; le temps fait naître les occasions ; le temps confirme les bons conseils.»

De Jacques-Bénigne Bossuet sur Sermons

Chapitre 5

La botanique de la vie humaine

1 Les étapes de la vie d'un homme.

Les stades du développement humain sont les étapes par lesquelles un humain passe au cours de sa vie.
Nous pouvons résumer ces étapes ainsi :
Naissance : C'est le début de vie de l'être humain dès qu'il sort du ventre de sa mère.
Enfance : il débute dès la naissance jusqu'à l'âge de 10 ans.
Adolescence : L'adolescence est le stade intermédiaire entre l'enfance et l'âge adulte.
Adulte : dans la plupart des pays, cet âge débute à partir de 18 ans.
Vieillesse : il n'y a pas d'âge précis pour déterminer le début de cette étape, mais on considère que vers l'âge de 70 ans, le vieillissement est entamé. Plusieurs signes témoignent du début du vieillissement du corps :

1- Apparition de rides plus profondes ;
2- Blanchiment et perte de cheveux ;
3- La diminution de la masse musculaire et de la force physique ;
4- Apparition de l'arthrite ou des rhumatismes ;
5- Affaiblissement et ralentissement des fonctions urinaires et de la capacité cardiaque ;
6- Etc.

Mort : C'est la fin de l'existence de l'homme sur terre.

Image 1

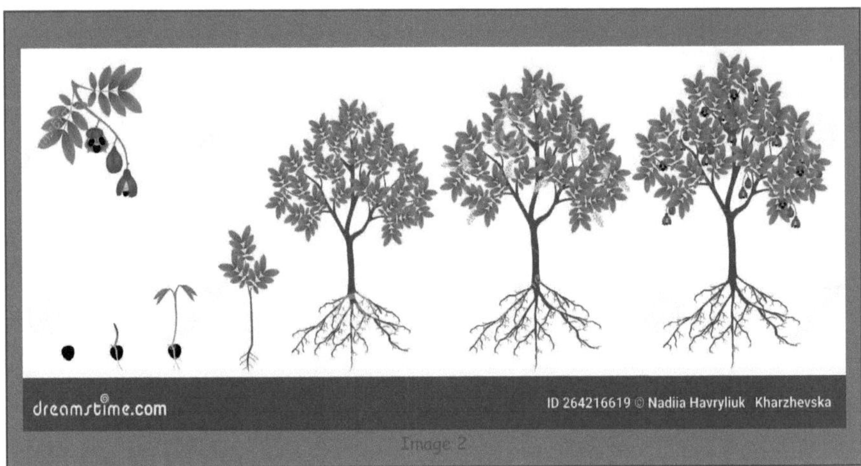

Image 2

2- ''La botanique de la vie humaine''

Ce qui est relatif à l'existence de l'être humain.

Ceci fait penser que cette expression : (**Botanique de la vie humaine**) semble ne pas avoir de sens. Pourtant, c'est tout le contraire. C'est un nouveau concept **d'étude comparative** que nous introduisons dans nos travaux afin de faire un parallèle entre la **vie humaine** d'un point de vue de la croissance et celle des **plantes et des végétaux.** L'étude comparative des **images 1** et **2** nous permet d'analyser et de dresser une interprétation graphique à mettre en parallèle avec la vie de l'homme sur terre et la croissance des plantes.

La saison de l'été sur l'image 1, qui est caractérisée par l'époque des fruits, correspond à la **phase de croissance finale sur l'image 2**, où l'arbre porte des fruits. Ces différentes images nous permettent de dire, aisément, qu'un arbre, avant de porter du fruit dans sa saison de l'été, doit suivre un processus de croissance. Cela devra lui permettre d'être dans les dispositions qu'il faudra pour produire ces derniers. Ce qui veut dire qu'un arbre peut finir par croître sans pour autant donner des fruits. Si cet arbre finit sa croissance sans donner de fruit, cela peut être interprété comme si sa fin de croissance coïncide avec soit l'**automne**, soit l'**hiver** ou le **printemps.**

La conclusion la plus évidente à tirer est de savoir que **la croissance d'un arbre peut arriver à sa maturité et ne pas être dans la saison où son espèce produit son fruit**. Chaque arbre donnant des fruits en sa saison.
Il en est de même chez nous, les humains.

Nous pouvons passer le test de la croissance à tous les niveaux possibles et ne pas manifester nos dons, nos capacités et nos talents ; pour la simple raison que la saison qui doit nous révéler n'est pas encore venue. Chaque personne doit se considérer comme un arbre planté dans un jardin, avec sa particularité de fruits, et que ces fruits donneront en leur saison. La majorité des personnes pense que si une saison n'est pas bonne pour elles, c'est fini. Non, ce n'est qu'une saison, et elle n'est pas permanente.

Ainsi, nous devons comprendre que la chose la plus importante à faire, à notre niveau, est de croître par tous les moyens. **Il faut croître au travers de la connaissance, de la lecture, de la prière, de l'intimité avec Dieu, du développement de ses compétences, de l'acquisition de nouvelles compétences, du brisement du statu quo, du changement de paradigme, etc.**

Votre croissance fera que lorsque votre saison de manifestation sera venue, vous donnerez de bons fruits au monde. C'est en ce moment que vous comprendrez que vos efforts n'étaient pas en vain. C'est ça la beauté de la maîtrise et de l'utilisation des temps et des saisons.

Cette maîtrise va vous emmener à savoir comment faire dans chaque saison de votre vie. C'est bien plus qu'un graphique, les saisons dans nos vies.

Comprendre les graphiques de notre vie, c'est de savoir que de la même manière, il y a des fruits saisonniers, ou du moins des récoltes qui peuvent se faire au bout de 2, 3, 4 mois de cultures. Il y a certaines récoltes qui ne viendront qu'après 5, 6, 7 ans. Nous allons nous intéresser au bambou, au palmier, à la tomate et au riz.

Les bambous

Le bambou ayant une durée de vie comprise entre 60 et 120 ans, avant de sortir de terre, il se construit un réseau tentaculaire de racines pouvant s'enfoncer jusqu'à 60 cm en dessous du sol. N'est-ce pas impressionnant ? Avec des hauteurs pouvant parfois avoisiner les 6 mètres, il a une croissance moyenne annuelle d'un mètre.

Leçon de vie :

Pourquoi parlons-nous ici du bambou ? Nous en parlons pour la simple raison que, vous qui lisez en ce moment ce livre, vous êtes de la catégorie des personnes bambous. Vous aurez l'impression que vos actions, vos projets, vos ambitions ne vont jamais aboutir ; ne sachant pas que vos multiples efforts sont à l'image du réseau tentaculaire du bambou. Vous êtes solidement ancré, que lorsque votre saison sera arrivée, plus personne ne pourra vous déraciner. La chose la plus difficile à tuer sur terre, c'est le bambou. Pendant que vous pensez que vous avez tué le bambou, vous êtes surpris de voir qu'il refait surface de l'autre bout là-bas. Parce qu'il a des racines solidement ancrées dans le sol. Ainsi, durant votre saison du soir, si vous voulez la saison de l'automne-hiver, enracinez-vous avec **les valeurs, le caractère, la loyauté, l'endurance, la foi inébranlable, la prière, le jeûne, la patience... Et** plus jamais personne sur cette terre des hommes ne pourra ébranler vos fondations. Car ces racines sont de Dieu. Qu'en est-il du palmier à huile ?

Le palmier à huile

Avant de pouvoir jouir de la richesse du palmier, il faudra que le cultivateur fasse preuve de patience et s'attendre à beaucoup de dépenses financières et physiques. Après un an de pépinière et trois ans de croissance végétative, la récolte peut commencer. En augmentation jusqu'à l'âge de 8 ans, la production se stabilise ensuite, puis décline après 20 ans de culture. La récolte est réalisée

tous les 10 à 15 jours.
Selon les chiffres officiels, les rendements des planteurs villageois sont de l'ordre de 4 à 5 tonnes de régimes par hectare, contre 20 à 25 tonnes sur les plantations industrielles utilisant le même matériel végétal.
Leçon de vie :
Voyez-vous, il y a des **personnes palmiers**. Ces personnes, pendant des années, fournissent d'énormes efforts, payent le prix pour leur vision, leur entreprise ; mais elles ne semblent avoir rien récolté. Pour certaines personnes elles perdent leur temps ; elles ne peuvent rien produire de bon pour la société. Elles ne peuvent pas devenir des références dans la société. Ce que ces personnes ignorantes ne savent pas, c'est qu'elles sont en face des personnes palmiers à huile. Cela pourra mettre du temps, mais lorsque leur **saison du midi** sera venue, elles commenceront à être pleinement bénies et riches. Elles auront la notoriété et le pouvoir que leur conférera leur position actuelle qu'elles auraient acquises dans les larmes et la douleur.
Non seulement elles auront du succès, mais ce dernier y restera jusqu'à leur mort. Tout ce que ces personnes toucheront en terme financier aura une très grande valeur financière.
La combinaison entre une personne possédant des capacités d'un **homme palmier** et d'un **homme bambou** est ce qui crée des géants dans leur génération. Des personnes qui font bouger les lignes et changent les choses. Le caractère et la discipline forment de tels stéréotypes rares, et vous en êtes un.
Il ne sert à rien de s'attarder sur des cultures saisonnières. Par exemple, le maïs, le riz, la tomate, etc.
Vous voyez qu'il ne faut pas de temps pour en cultiver

afin de s'en servir comme repas.
Eh bien, ces personnes qui vous rabaissent. Les personnes qui passent leur temps à vous juger. Sur la base de ce qu'elles ont quelque chose comme richesse, sans que cela soit sur une longue durée où elles ont été éprouvées, ce sont des **personnes à la culture saisonnière**. Ne vous méprenez pas contre de telles personnes. Sachez-en vous-même que lorsque votre saison du midi sera là, vous ferez des exploits. En vous se cachent des trésors insoupçonnés, des richesses illimitées. En fait, vous êtes une mine de potentiels à n'en point finir.
À chaque fois que vous voulez vous décourager, souvenez-vous du **bambou** et du **palmier**.
Et à chaque fois que vous serez méprisés parce que vous ne serez pas en train de réaliser vos objectifs, souriez et dites-vous que les histoires singulières et respectives du palmier et du bambou sont spéciales.

Principes

1- La vie d'un homme est progressive et par étapes ;
2- La vie d'un homme en chaque saison, peut-être comparable d'une certaine manière à la vie des plantes ;
3- Il y a des hommes, des palmiers et des bambous ;
4- Il y a des hommes aux cultures saisonnières.

« Le temps de vivre, c'est aussi le temps d'aimer. »
George Marchais

Chapitre 6

Les citations sur les temps et les saisons

« Il faut donner du temps au temps. »

De Miguel de Cervantès

« Il faut laisser le temps au temps. »

De Jack Lang à La Rochelle – 13 février 1982

« Autre temps, autres mœurs. »

De Pindare

« Le temps adoucit tout. »

De Voltaire / L'Ingénu

« Jeunesse : temps des échecs. »

De Henry de Montherlant sur Le Maître de Santiago

"Que de temps perdu à gagner du temps ! »

De Paul Morand

« Le temps de la réflexion est une économie de temps. »

De Publius Syrus

« Ne laissez jamais le temps au temps. » Il en profite."

De Jean Amadou

« Nul ne peut donner du temps au temps. »

De Nadine de Cintas

« Je passe tout mon temps à comprendre le temps. »

De Alain Bosquet / Avoir empêché d'être

« Le temps ne cicatrise pas les outrages du temps. »

De Werner Aspenström / Après avoir joué Mozart toute la journée

« Il y a trois temps qui déplaisent souverainement aux jardiniers : le temps sec, le temps pluvieux, le temps en général. »

De Pierre Daninos

« Le temps révèle toute chose. »

De Tertullien / Apologétique

« Quel bouleversement cause le temps ? »

De Proverbe oriental

« La distance grappille le temps. »

De Eugène Guillevic / Du domaine

« Le temps manque pour tout. »

De Honoré de Balzac / Le Lys dans la vallée

« Qui a le temps et attend le temps perd son temps. »

De William Camden / Remaines concerning Britain

« Le temps de lire, comme le temps d'aimer, dilate le temps de vivre. »

De Daniel Pennac / Comme un roman

« Il y a un temps pour tout, un temps de pleurer, un temps de rire, un temps à se lamenter et un temps de danser. »

De la Bible / L'Ecclésiaste

« Mon passe-temps favori, c'est laisser passer le temps, avoir du temps, prendre son temps, perdre son temps, vivre à contretemps. »

De Françoise Sagan

« Le temps s'en va, le temps s'en va, madame ; las ! » Le temps, non, mais nous nous en allons."

De Pierre de Ronsard / Continuation des amours

« Le temps mûrit toutes choses ; par le temps toutes choses viennent en évidence ; le temps est père de la vérité. »

De François Rabelais

« Le temps découvre les secrets ; le temps fait naître les occasions ; le temps confirme les bons conseils. »

De Jacques-Bénigne Bossuet / Sermons

« Il y a deux sortes de temps : il y a le temps qui attend et le temps qui espère. »

De Jacques Brel / L'Ostendaise

« Le temps, c'est un truc qu'on n'a pas, même le temps n'a pas le temps pour le temps. »

De Thierry Henry / Interview Canal+

« Qui a le temps, a la vie. »

De Anonyme

« Il faut être de son temps. »

De proverbe français

« Ai-je bien utilisé mon temps ? »

« Le temps est père de vérité. »

De François Rabelais

« Il faut dire oui à notre temps. »

De Romano Guardini

« Le temps n'attend pas. »

De Lénine

« Le temps met tout en lumière. »

De Thalès

« Il fuit, le temps, et sans retour. »

De Virgile

« Le temps confirme l'amitié. »

De Henri Lacordaire

« Le temps passe et la mort vient. »

De proverbe français

« Asseyez-vous, j'ai tout votre temps. »

De Pierre Daninos

« Le temps passe et ne revient plus. »

De proverbe québécois

« Le mot est le corps du temps. »

De Dominique Fourcade

« Compte qui peut le temps perdu. »

De Louis Aragon

« Le temps du monde fini commence. »

De Paul Valéry

« Le temps est vraiment gentleman avec moi… »

D'Anouk Aimée

« La vérité est fille du temps. »

De Aulu-Gelle

« En tout temps, le sage veille. »

De proverbe du XVIe siècle

« Le temps, quelle merveilleuse gomme à effacer. »

D'André Prévôt

« Le temps est responsable de tout ! »

De Paul Javor / Sa raison de vivre

« Les révolutions font perdre beaucoup de temps. »

De Henry de Montherlant / Malatesta

« Le caractère, vertu des temps difficiles. »

De Charles de Gaulle / Le fil de l'épée

« Qui donne à temps, donne deux fois. »

De Yvan Krylov / **L'écureuil en service**

« Le temps est un phénomène de perspectives. »

De Jean Cocteau / **Journal d'un inconnu**

« La jeunesse est le temps des accélérations. »

De Jean-François Somain / **La Vraie Couleur du caméléon**

« L'éternité ? » Une unité de temps."

De Stanislaw Jerzy Lec / **Nouvelles pensées échevelées**

« Pendant que je parle, le temps fuit. »

D'Anonyme / Inscription latine gravée sur un cadran solaire

« Un poème bouge avec le temps. »

De Jacques Roubaud / **Le Monde de l'éducation - janvier 2001**

« Même la pendule va avec son temps. »

De Stanislaw Jerzy Lec / **Nouvelles pensées échevelées**

« Le temps : matière première la plus importante. »

De Stanislaw Jerzy Lec / **Nouvelles pensées échevelées**

« Le temps file, le temps n'attend personne. » Le temps guérit toutes les blessures.

Tous autant que nous sommes, nous voulons plus de temps. Du temps pour se relever, du temps pour grandir, du temps pour lâcher prise. Du temps. "

De Grey's Anatomy

« L'amour fait passer le temps, le temps fait passer l'amour. »

De proverbe italien

« Le temps, voilà l'ennemi. Il s'agit de tuer le temps. »

De Joseph Delteil / Alphabet

« De temps en temps, il faut se reposer pour ne rien faire. »

De Jean Cocteau

« La vie humaine se compose de deux parties : on tue le temps, le temps vous tue. »

De Rastignac

« Les humains disent que le temps passe. Le temps dit que les humains passent…

D'Anonyme

« Ils se contentent de tuer le temps en attendant que le temps les tue. »

De Simone de Beauvoir

« Il faut laisser le temps au temps et, par la même occasion, votre froc aux impôts. »

D'Anonyme

« Il n'y a que le temps qui ne perd pas son temps. »

De Jules Renard

« On croit user le temps, c'est le temps qui nous use. »

De proverbe français

« Il vaut toujours mieux du mauvais temps que pas de temps du tout ! »

De Gabriel de Lautrec

« Ce que le vulgaire appelle du temps perdu est bien souvent du temps gagné. »

D'Alexis de Tocqueville

« Le temps de vivre, c'est aussi le temps d'aimer. »

De Georges Marchais / Le défi démocratique

« On n'a jamais le temps de bien faire, mais toujours le temps pour refaire. »

De Walter Roland / Clément

« Si le temps n'arrange pas les choses, les choses arrangeront le temps. »

De Réjean Ducharme / Les en fantômes

« Parler du temps, c'est perdre son temps, car on ne peut rien y faire. »

De Michel Guyau

« Il existe une télévision pour passer le temps et une autre pour comprendre le temps. »

D'André Malraux

« C'est aussi un art que d'être fou de temps en temps. »

Le proverbe allemand

« Le temps n'est jamais perdu quand on est perdu tout le temps. »

De Catherine Zandonella

« Le temps ne s'incline pas devant nous, mais nous devant le temps. »

De proverbe russe

« Du pain en temps de paix est meilleur que du gâteau en temps de guerre. »

De proverbe slovaque

« Il y a un temps pour le diable et un temps pour le bon Dieu. »

De proverbe créole

« Il vaut mieux un temps d'été stable, plutôt qu'un temps détestable. »

De Claude Frisoni

« Faire l'amour passe le temps. Et le temps fait passer l'amour.

De Pierre Doris

« De temps en temps, il faut ralentir pour profiter de la vie. »

De Disney

« Le goût est un prince détrôné qui, de temps en temps, doit faire des protestations. »

De Élie Fréron / L'Année littéraire

« Qui dit cérébral ne dit pas nécessairement intelligent. » « Repassez ça de temps en temps. »

De Léon-Paul Fargue / Sous la lampe

« En temps de paix, le mercenaire dérobe ; en temps de guerre, il déserte. »

De Nicolas Machiavel / Le prince

« Ne perds pas ton temps à gagner ta vie. Gagne ton temps, sauve ta vie. »

De Lanza del Vasto

« Le temps de l'attente ressemble au temps de la sécheresse ; toujours trop long. »

De Jovette Marchessault / Comme un enfant de la terre

« Le temps politique est un temps différent de celui que nous vivons dans le quotidien. »

De Vaclav Havel / Méditations d'été

« Une bonne terreur, de temps en temps, vous remet les idées en perspective. »

De Elisabeth Vonarburg / Chroniques du pays des mères

« Le temps qui passe est un traînard, le temps passé est trop pressé. »

De Michel Conte / Le Prix des possessions

« De temps en temps, je me force à lire, ça m'entretient les yeux. »

De Jean-Marie Gourio / Chut !

« L'homme ne fait pas avancer le temps, le temps fait avancer l'homme. »

De proverbe tchoude

« Il est impossible de vivre dans le monde sans jouer de temps en temps la comédie. »

De Chamfort / Maximes et pensées

« Le temps n'est temps que parce qu'il passe. »

De Hubert Nyssen / La femme du botaniste

« Avancer, c'est reconnaître le temps. Et reconnaître le temps, c'est accepter la mort."

De Cécile Wajsbrot / Mémorial

« On supporterait tellement mieux nos contemporains s'ils pouvaient de temps en temps changer de museaux. »

D'Albert Camus / Caligula

« Dans le temps des semailles, apprends ; dans le temps des moissons, enseigne ; en hiver, jouis. »

De William Blake / Le Mariage du Ciel et de l'Enfer

« Si l'on ne souffrait pas de temps en temps, le bonheur ne serait plus supportable. »

De Henri Jeanson / Les amoureux sont seuls au monde

« Je bouffe de temps en temps des asticots pour assouvir un sentiment de vengeance par anticipation. »

De Philippe Geluck / Et vous, chat va ?

« Il y a un temps pour ne rien dire, il y a un temps pour parler, mais il n'y a pas un temps pour tout dire. »

De Proverbe latin médiéval

« Il y a un temps pour vivre, un temps pour mourir. Après, cela s'aggrave parce qu'il n'y a plus de temps du tout. »

De Jacques Sternberg

« Le temps est au début et à la fin de chaque vie humaine, et chaque homme a son temps, son temps différent. »

De Thomas Wolfe

« Le temps présent est semblable à la boule d'argile, le temps passé à la poussière de la terre et le temps futur à la cruche. »

De Nagarjuna / Le traité de la grande vertu de sagesse

« Vous pouvez tromper quelques personnes tout le temps. Vous pouvez tromper tout le monde un certain temps. Mais vous ne pouvez tromper tout le monde tout le temps. »

De Abraham Lincoln

« Le temps est hors de ses gonds. »

De William Shakespeare

« Tout est bon qui vient en son temps. »

De Chilon

« Le temps est un gaspillage d'argent. »

D'Oscar Wilde

« L'ingratitude est un gain de temps. »

De Frédéric Dard

« Pour payer et mourir, on a toujours le temps. »

De proverbe catalan

« On a le temps qu'on se donne. »

D'Anonyme

« La fortune à ses lois asservit tous les temps. »

De Tibulle

« Le temps, ce coquillage au bruit de mer latent. »

De Suzanne Charoux-Mamet / L'Infini dans le temps

« Le rêve est la vraie victoire sur le temps. »

De Jean-Claude Carrière / Entretiens sur la fin des temps

« Le temps est une lime qui travaille sans bruit. »

De Proverbe français
« Vivre, c'est changer du temps en expérience. »

De Caleb Gattegno

« Hâtons-nous ; le temps fuit et nous traîne avec soi. »

De Nicolas Boileau

« Le temps, c'est de l'argent. »

De Benjamin Franklin

« L'inquiétude amène la vieillesse avant le temps. »

De Ben Sira le sage

« Le temps est le plus sage de tous les conseillers. »

De Périclès

« On perd son temps à cultiver les mots. »

D'Hésiode

Le temps est le médecin de l'âme.

De Philon le Juif

« Tous mes biens pour un peu de temps ! »

D'Élisabeth Ière

« Le temps est l'image mobile de l'éternité immobile. »

De Platon
« Vérité dans un temps, erreur dans un autre. »

De Montesquieu / Lettres persanes

« Mais enfin, ça dure combien de temps, la reconnaissance ? »

De Jean Prouvost

« Le temps sur nos cheveux jette du sucre en poudre. »

De Tristan Derème

« Le temps emporte tout, l'esprit comme le reste. »

De Virgile

« Les temps sont ce que nous en faisons. »

De Arne Garborg / Irréconciliables

« Dans le temps, même le futur était mieux. »

De Karl Valentin

« L'information est l'oxygène des temps modernes. »

De Anonyme

« Le temps perdu à bâiller ne se retrouve jamais. »

De Jean Dutourd

« Le temps est plus difficile à tromper que les femmes. »

De Frédéric Dard

« Chaque chose a son temps en hiver comme au printemps. »

De Dicton français

« Effacer le temps et surfer sur le présent. »

De Charlélie Couture

« La ville est arc-boutée sur le temps. »

De Paul Chemetov

« Bien faire est souvent une perte de temps. »

De Robert Byrne

« Le temps emporte tout, l'énergie comme le reste. »

De Virgile

« O temps rongeur, et toi, envieuse vieillesse, vous détruisez tout ! »

D'Ovide

« Quand Dieu créa le temps, il en créa… beaucoup. »

De proverbe irlandais

« Efforce-toi de ne pas être de ton temps. »

De Georg Christoph Lichtenberg / Aphorismes

« Le mauvais goût fait passer le temps plus vite. »

De **Andy Warhol**

« Quand les mouettes ont pied, il est temps de virer. »

De proverbe breton

"Le temps des hommes est de l'éternité pliée."

De **Jean Cocteau**

« Un passionné ne travaille jamais, donc, tout le temps. »
De Yannick Therrien
« Longueur de temps n'éteint ni noblesse ni franchise. »

De Proverbe français

« Le temps bâtit une forteresse et la démolit. »

De Proverbe serbo-croate

« La vérité et le matin s'éclaircissent avec le temps. »

De Proverbe amharique

« Personne ne peut marcher et courir en même temps. »

D'Anonyme

« Quand le temps s'arrête, il devient lieu. »

De **Chawki Abdelamir**

« L'amour est une chose qui est toujours de saison. »

De Barry Cornwall

« On ne se laisse surprendre que par la première pluie de la saison. »

De proverbe téké

« Je redoute l'hiver parce que c'est la saison du confort ! »

De Arthur Rimbaud / Une saison en enfer

« L'hiver n'est point la rude saison qui fait rester à la maison. »

De proverbe français

« C'est en saison sèche qu'on se lie d'amitié avec le piroguier. »

De proverbe foulfouldé

« Chaque oiseau chante les louanges de l'endroit où il passe la saison chaude. »

De proverbe peul

« Il vaut mieux dater d'un siècle que d'une saison. »

D'Alfred Capus / Les Pensées

« Bénie soit la saison qui entraîne le monde dans la conspiration de l'amour. »

D'Hamilton Wright Mabie

« L'hiver, cette saison de silence froid, mais aussi d'attente féconde. »

De Danièle et Stefan Satrenkyi / De belles histoires pour nous tous

« La saison venue, la chenille tisse un cocon autour d'elle-même et elle devient cacahuète. »

De François Cavanna / Le saviez-vous ?

"Janvier. Le mois le plus obscurément blanc de la saison des froids."

De Marie-Claire Blais / Les Nuits de l'Underground

« Nous ne savons pas tout de suite que l'amour meurt comme une saison. »

De Louise Maheux-Forcier / Paroles et musique

"L'automne est une saison sage et de bon conseil."

De Félix-Antoine Savard / La Minuit

« Écrire, c'est traverser une saison qui n'est sur aucun calendrier. »

De Françoise Lefèvre / Souliers d'automne

"Toute saison embellit la maison de nos amours."

De Jean-Guy Pilon / Montréal

« Note soutenue. Point d'orgue de votre repas au restaurant, pendant la saison des parasols."

D'Ambrose Bierce / Le dictionnaire du Diable

« Vivre au Canada, c'est vivre dans quatre pays différents… un pays par saison. »

De Michel Conte / Le Prix des possessions

"L'hiver, c'est la saison du recueillement de la terre, son temps de méditation, de préparation."

De Lionel Boisseau / La Mer qui meurt

"Il n'y a rien de plus triste qu'un temps de saison en hiver."

De José Artur / Parlons de moi, il y a que ça qui m'intéresse

"Il faudrait considérer ses opinions comme des costumes, et en changer selon la saison, l'heure et le milieu."

De Paul-Jean Toulet

"Noël n'est pas un jour ni une saison, c'est un état d'esprit."

De Calvin Coolidge

"Il faut vouloir quand on le peut, car ni la saison, ni le temps, n'attendent personne."

De Baltasar Gracian y Morales / L'homme de Cour

"Il faut toujours remercier l'arbre à karité sous lequel on a ramassé de bons fruits pendant la bonne saison."

De Ahmadou Kourouma / Allah n'est pas obligé

"Le printemps est la saison où les garçons commencent à comprendre ce que les filles ont su tout l'hiver."

De O. Henry

"L'été est une saison qui prête au comique. Pourquoi ? Je n'en sais rien. Mais cela est."

De Gustave Flaubert / Correspondance

"Tous les ans la saison et toujours sa couleur sa forme son parfum, qui pourra nous guérir des matins similaires qui jamais ne font qu'un."

De Gabriel Audisio / Poèmes du lustre noir

"La Terre nous fait attendre ses présents à chaque saison, mais on recueille à chaque instant les fruits de l'amitié."

De Démophile

"Le secret pour gagner : une action après l'autre, une balle après l'autre, un match après l'autre, une saison après l'autre."

De Luis Fernandez

"Qu'est-ce que cela, soixante ans ? C'est la fleur de l'âge et vous entrez maintenant dans la belle saison."

De Molière / L'Avare

« À Noël, je n'ai pas plus envie de rose que je ne voudrais de neige au printemps. J'aime chaque saison pour ce qu'elle apporte. »

De William Shakespeare / Peines d'amour perdues

"Le corbeau chante aussi bien que l'alouette pour qui n'y fait pas attention. Que de choses n'obtiennent qu'à leur saison leur juste assaisonnement de louange et de perfection !"

De William Shakespeare / Le Marchand de Venise

"L'amour nous plaît, son bruit de chaînes et ses fruits de saison. Et tant mieux. Rien n'est plus désolant que de détester l'amour."

De Marie Desplechin

"Les amoureux fervents et les savants austères aiment également, dans leur mûre saison, Les chats puissants et doux, orgueil de la maison, Qui comme eux sont frileux et comme eux sédentaires."

De Charles Baudelaire / Les Fleurs du mal

"La transgression se comporte comme une petite braise jetée dans la savane au gros de la saison sèche : on voit où la flamme prend, mais nul ne sait où elle s'arrêtera."

De Ahmadou Kourouma / En attendant le vote des bêtes sauvages

"En cette saison printanière de l'année, quand l'air est doux et plaisant, ce serait une injure à la nature et vraiment dommage de ne pas aller dehors voir sa magnificence et partager sa façon de relier le ciel et la terre."

De John Milton

« La clémence est autant agréable aux hommes qu'une pluie qui vient sur le soir ou dans l'automne, tempérer la chaleur du jour ou celle d'une saison brûlante, et humecter la terre que l'ardeur du soleil a desséchée. »

De Jacques-Bénigne Bossuet / Politique Tirée de l'écriture sainte

« Quatre saisons comblent la mesure de l'année ; quatre saisons se partagent l'esprit de l'homme. »

De John Keats / Seul dans la splendeur, 2009

« Vieilles amours et vieux tisons S'allument en toute saison. »

De proverbe français

« Les saisons, ça ne se discute pas. »

De Raymond Queneau / Les Derniers Jours

« O saisons, ô châteaux. » « L'âme n'est pas sans défauts. »

D'Arthur Rimbaud / O saisons, ô châteaux

« Les choses de l'enfance ne meurent pas, elles se répètent comme les saisons. »

D'Eleanor Farjeon

« Le Canada a deux saisons, l'hiver et le mois de juillet. »

De Robert Hollier / Bétail

« Les discours doivent correspondre aux saisons. »

De Pierre Mauroy / Discours – 17 avril 1982

« La tristesse va et vient comme les saisons. »

De Diana Evans / 26a

« Les saisons sont ce qu'une symphonie devrait être : quatre mouvements parfaits en harmonie intiment les uns les autres. »

D'Arthur Rubinstein / My young years

« Acceptez les années, la spirale des saisons, le vertige des plantes qui se désespèrent, reprennent espoir et vont au feu. »

D'Alain Borne / Le Sens de l'humain

« Les nuages nagent comme des enveloppes géantes, comme des lettres que s'enverraient les saisons. »

D'Ismaïl Kadaré / Poème d'automne

« Les raisons d'aimer et de vivre varient comme font les saisons. »

De Louis Aragon / Les yeux d'Elsa

« Calendrier : il perd ses feuilles en toute saison. »

De Roger La Ferté

« Le tam-tam ni la voix ne rythment plus les gestes des saisons. »

De Léopold Sédar Senghor / Chaka

« Il faut profiter de l'immortalité sans tarder, c'est la plus courte des saisons. »

De Francis Dannemark / Qu'il pleuve

« Un homme peut jouir de toutes les saisons de la vie, mais une femme n'a droit qu'au printemps ! »

De Jane Fonda

« Petite fille, ton cœur, c'est ma maison. Tu vis dans un soleil qui défie les saisons. »

D'Yves Duteil / Petite fille

« Tout jardin est, d'abord, l'apprentissage du temps, du temps qu'il fait, la pluie, le vent, le soleil et le temps qui passe, le cycle des saisons. »

D'Erik Orsenna / Le Monde de l'éducation – juillet – août 2000

« Les climats, les saisons, les sons, les couleurs, l'obscurité, la lumière, les éléments, les aliments, le bruit, le silence, le mouvement, le repos, tout agit sur notre machine et sur notre âme. »

De Jean-Jacques Rousseau sur les confessions

« Le vrai bonheur est un état terne, et sans valeur. Quand nous le goûtons sciemment, il passe et meurt : le jeu des saisons. »

De Georges Meredith / Diane à la croisée des chemins

« À l'automne des saisons, ce sont les feuilles qui meurent. À l'automne de la vie, ce sont nos souvenirs. »

De Flor Des Dunes / Et les feuilles tombent

« Les femmes aussi ont leurs saisons. L'été ne dure pas toujours et après l'été... Ah oui ! Les splendeurs de l'automne ! Mais combien éphémères !! Qui prend le temps de regarder et d'aimer l'automne ?"

De Françoise Dumoulin-Tessier / Le Salon vert

« On n'a jamais le temps de bien faire, mais toujours le temps pour refaire. »

Walter Roland

Conclusion

Avez-vous du temps à perdre après avoir pris connaissance des informations contenues dans ce livre ?

En ce qui me concerne, non.

Mais une chose est sûre, ne pas maîtriser le mystère des temps et des saisons, en ces temps de la fin, sera très destructif pour une personne qui aspire à avoir un impact significatif dans sa génération.

C'est avec cette perception de la notion du temps, que j'ai lue sur la page de monsieur **Jamal Sébastien**, que je termine ce livre :

« **Le temps est lent lorsqu'on attend.**

Le temps est rapide lorsqu'on est en retard.

Le temps est court quand on est heureux.

Le temps est infini quand on souffre.

Le temps est long quand on s'ennuie.

À chaque fois, le temps est déterminé par vos sentiments et vos conditions psychologiques et non par les horloges, alors passez toujours un bon moment. »

« Il n'y a que le temps qui ne perd pas son temps. »

Jules Renard

Bibliographie de l'auteur

- Les clés de la réussite scolaire et estudiantine ;
- L'hymne, l'âme de ma patrie ;
- L'Évangile de la liberté

'' On croit user le temps, c'est le temps qui nous use."

Auteur anonyme

Les sources utilisées

- www.evene.lefigaro.fr ;
- www.larousse.fr
- www.le-chatel-des-vivaces.com ;
- www.tradiconfort.com ;
- 'Un potentiel formidable' : Myles Monroe

Table des matières

Les passages de l'Écriture sont tirés des versions Louis Second, le Semeur 2015 et la Bible africaine.

Printed by Books on Demand GmbH, Norderstedt / Germany